Buchstabenheft

Eva Odersky
Illustrationen: Daniela Kulot-Frisch

westermann

Quellenverzeichnis

Seite 3: Detlef Kersten, ABC-ZOO, © by Ravensburger Buchverlag 1984
Seite 4: Anne Steinwart, Tausendfüßler lässt schön grüßen, Kindergedichte, Carlsen Verlag, Hamburg 1990
Seite 6: Anne Steinwart, Tausendfüßler lässt schön grüßen, Kindergedichte, Carlsen Verlag, Hamburg 1990
Seite 7: nach: Ute Andresen/Monika Popp, ABC und alles auf der Welt, © by Ravensburger Buchverlag 1984
Seite 10: Manfred Mai, Ene mene muh, was denkst du? © by Ravensburger Buchverlag 1997
Seite 12: Franz Wittkamp, Neun Vierzeiler-Gedichte, in: Der dicke Hund 1992 für alle Kinder, Beltz Verlag, Weinheim und Basel 1991
Seite 14: Ute Andresen/Monika Popp, ABC und alles auf der Welt, © by Ravensburger Buchverlag 1984
Seite 20: Josef Guggenmos, Ich will dir was verraten, Beltz & Gelberg, Weinheim 1992
Seite 23: Dorothée Kreusch-Jacob, Da hüpft der Frosch den Berg hinauf, Verlag Heinrich Ellermann, München 1987
Seite 31: Ute Andresen/Monika Popp, ABC und alles auf der Welt, © by Ravensburger Buchverlag 1984
Seite 45 links: Friedrich Hoffmann, in: Überall und neben dir, Beltz & Gelberg, Weinheim und Basel
Seite 45 rechts: F. K. Waechter, in: Der dicke Hund 1992, Beltz & Gelberg, Weinheim und Basel

© 1999 Bildungshaus Schulbuchverlage
Westermann Schroedel Diesterweg Schöningh Winklers GmbH, Braunschweig
www.westermann.de

Druck A[7] / Jahr 2006

Alle Drucke der Serie A sind im Unterricht parallel verwendbar.

Lektorat: Eva Odersky, Kathrin Hanne
Lay-out und Herstellung: Sandra Grünberg
Druck und Bindung: westermann druck GmbH, Braunschweig

ISBN 3-14-**120065**-3

Triffst du den Igel
mal im Mai,
ist sein Winterschlaf
vorbei.

2 •

1 ↓ |

Wir

Du
hast mich
und ich
hab dich.
Ich und du,
wir beide!

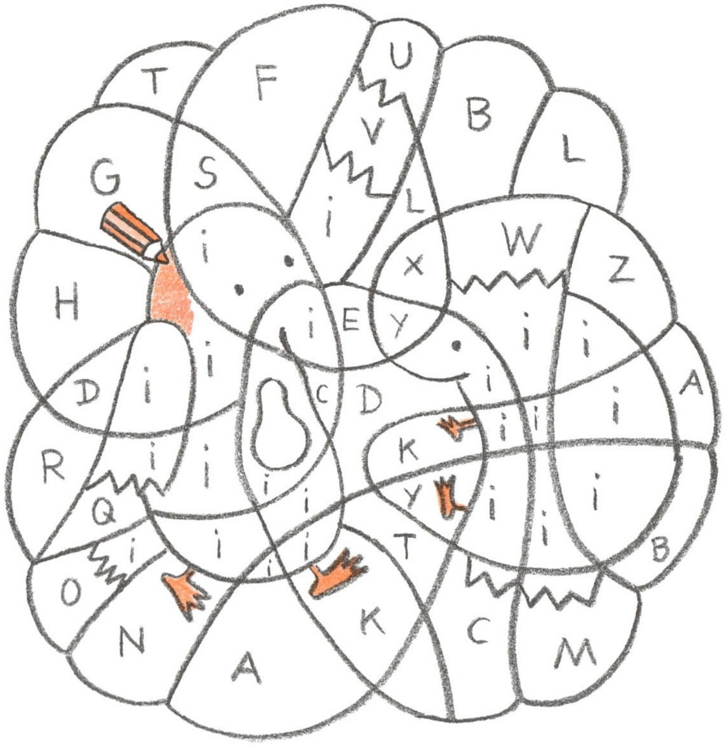

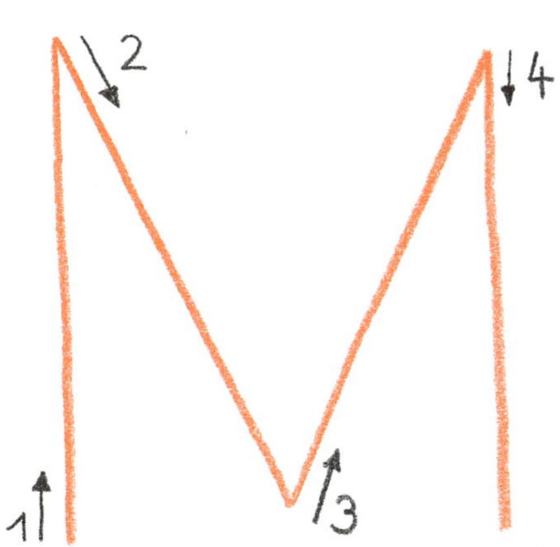

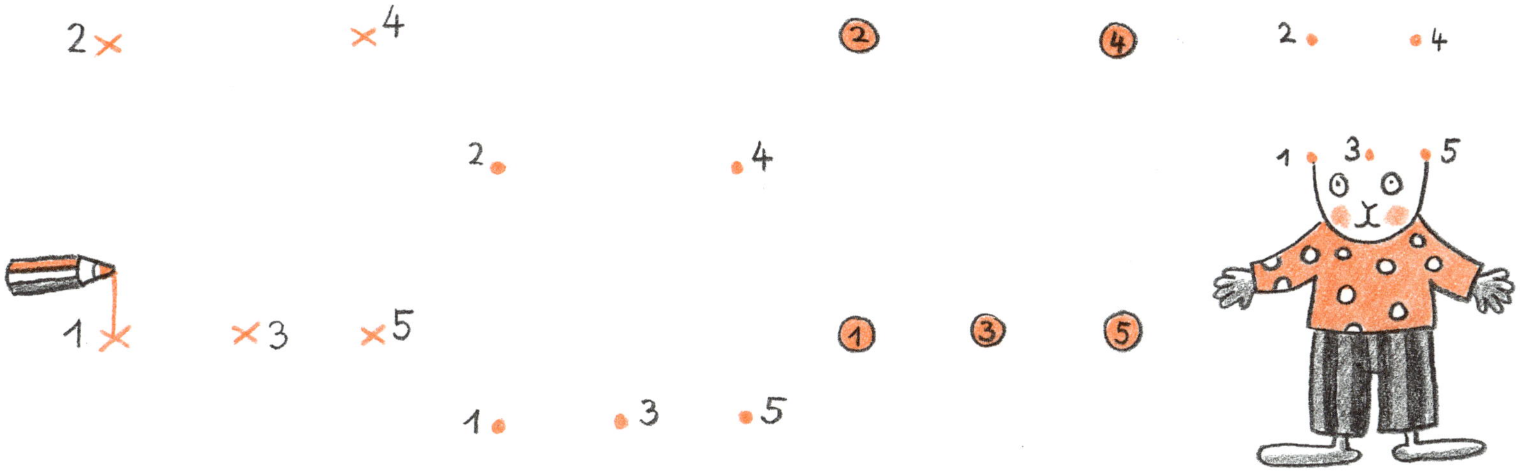

Der Mond ist rund,
der Mond ist rund,

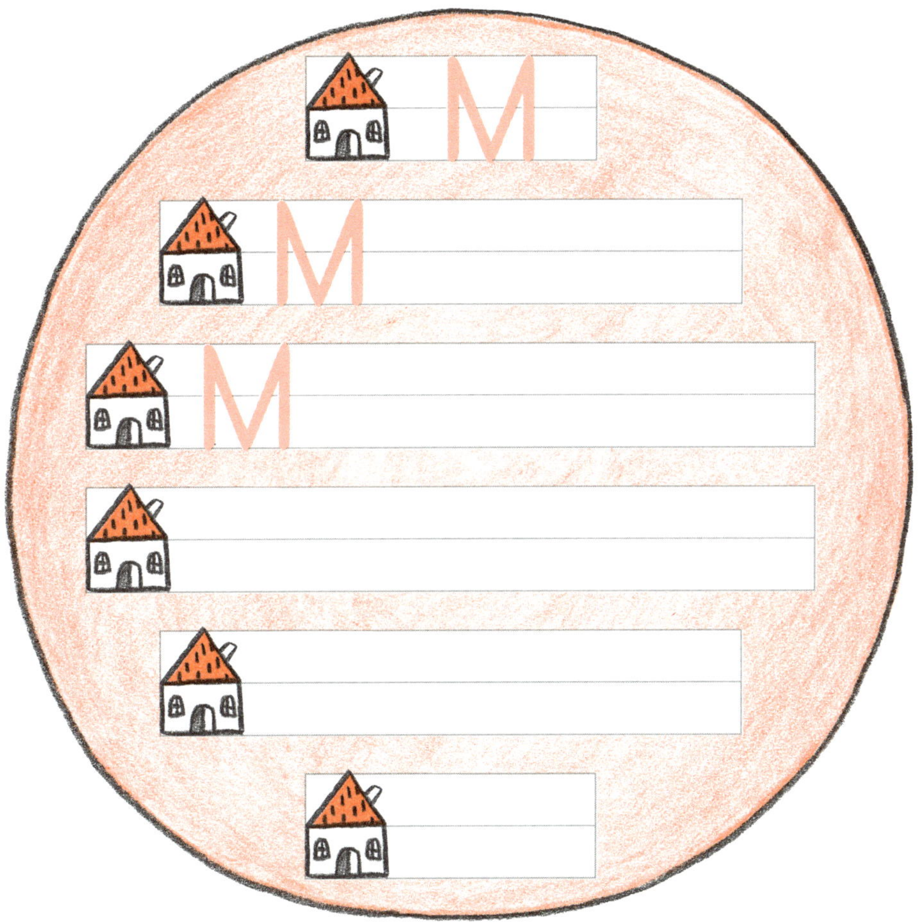

er hat zwei Augen,
Nas' und Mund.

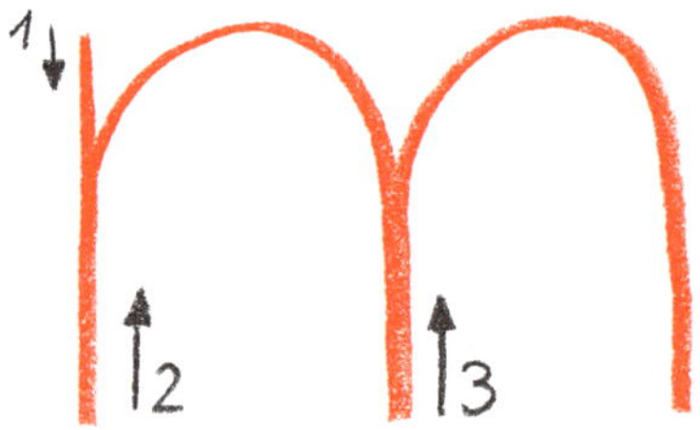

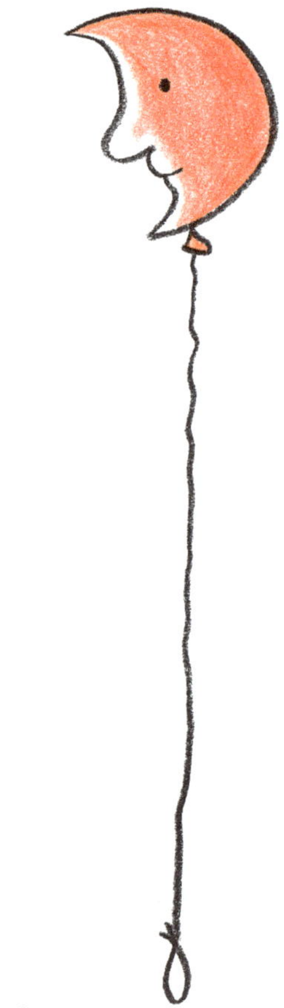

Für dich!

Vom Himmel geholt

hab ich heute

den Mond

und dir mitgebracht.

Guck mal,

der lacht.

Einen Mond aus Papier,

buntbemalt,

den schenk ich dir!

Ameisen-Spur

Eine Ameise geht vor zwei Ameisen.

Eine Ameise geht hinter zwei Ameisen.

Eine Ameise geht zwischen zwei Ameisen.

Wie viele Ameisen sind das wohl?

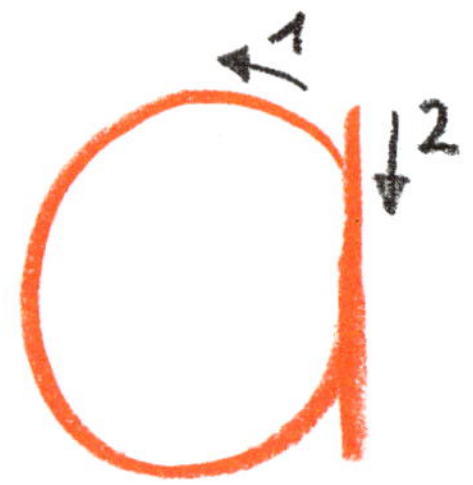

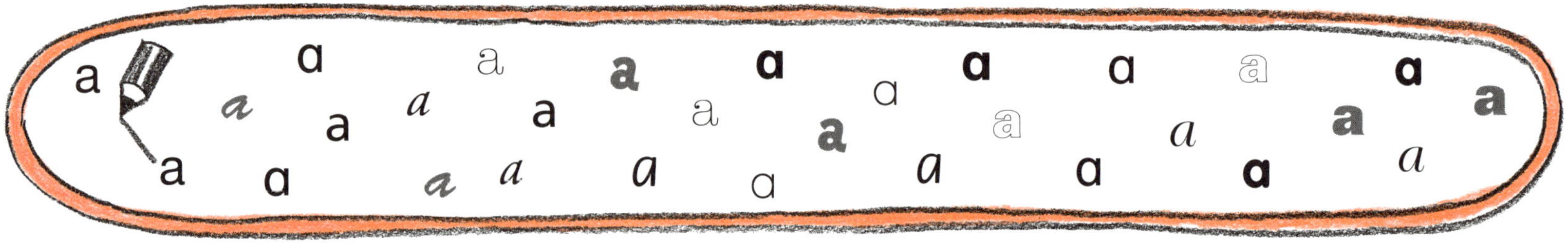

Wann
Kasperl
Mitternacht
und Kasperl

Löwen leben in Afrika.
Junge Löwen haben
dunkle Flecken im Fell.
Die Löwenmähne wächst erst,
wenn ein Löwenmännchen
fast ausgewachsen ist.

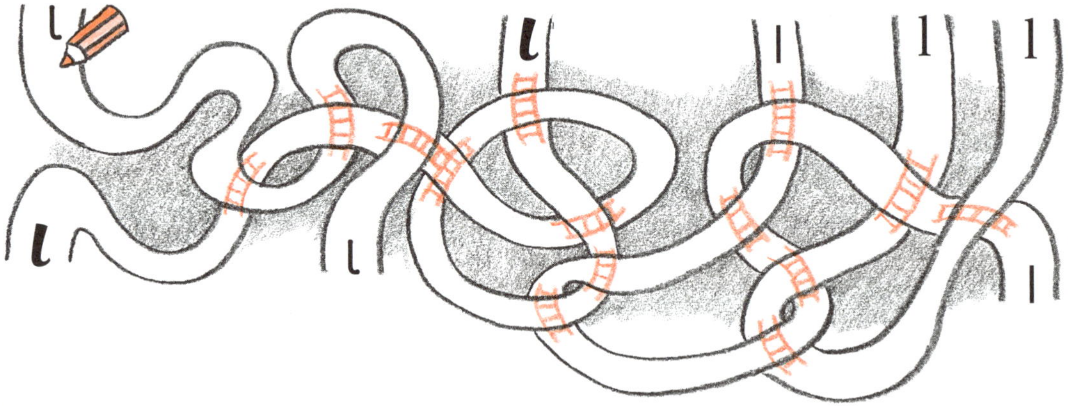

Ein klitzekleiner frecher Floh
hüpft heute durch den großen Zoo
und landet ganz genau – na wo?
Natürlich auf dem Löwenpo!
Da ruft der Löwe laut: „Oho!“
Das hört der klitzekleine Floh
und zwickt den Löwen in den Po.
So!

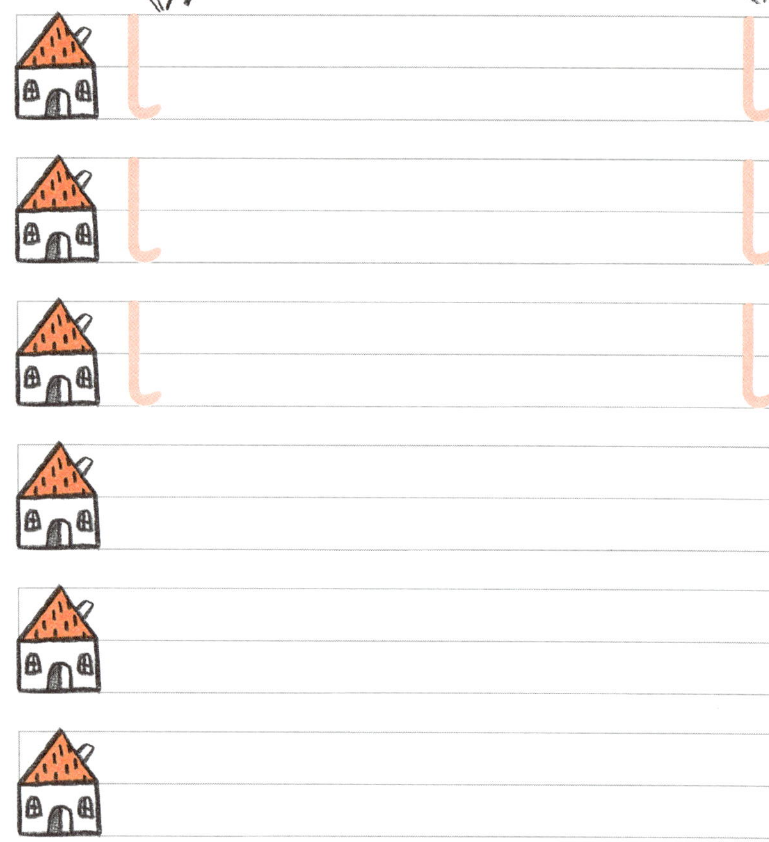

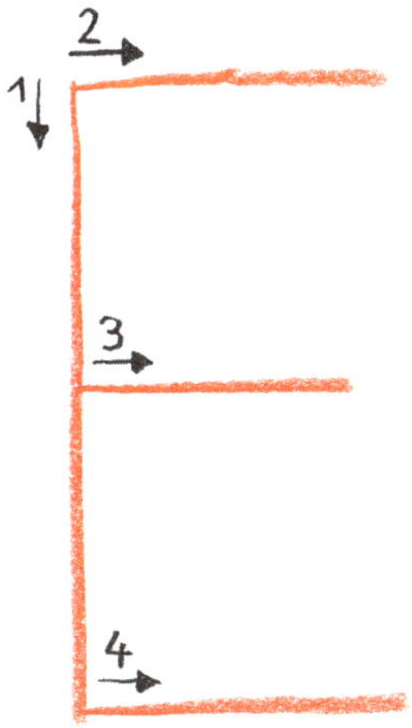
1
2
3
4

E E

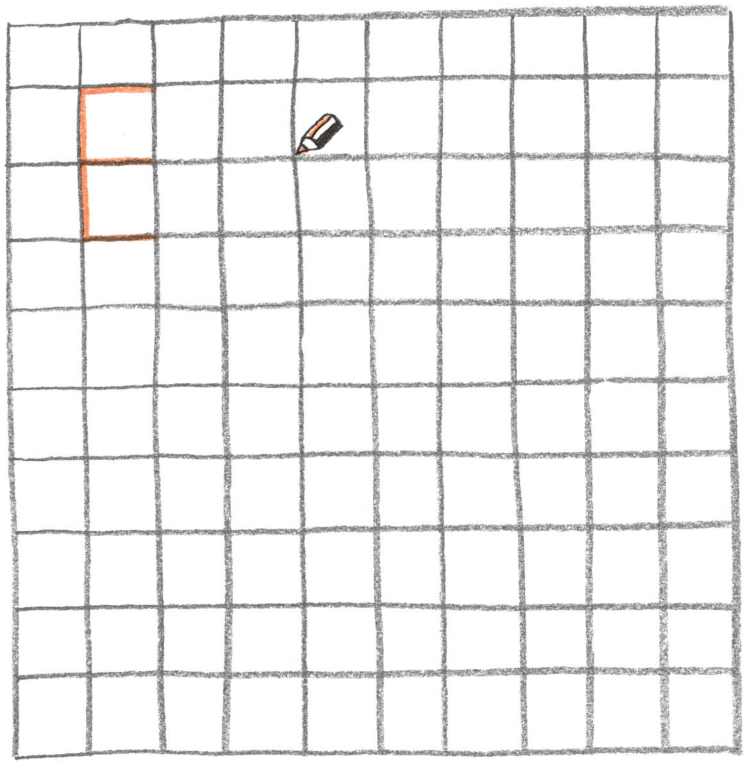

E E
E E

Was immer auch
dagegen spricht,
ich bin
ein kluges Tier.
Das Dumme ist,
man merkt es nicht,
und niemand
glaubt es mir. (Der Esel)

S
s
S
S
S
S
S
S
S
S
S
S
S
S
S
S
S

C
B
L
S
F
S
A
S
G
O
S
I
N
K
S

S

Psssssst!

Sei leise,

wir wollen nicht stören.

Flüster

und schleiche,

man soll uns

nicht hören.

Psssssst!

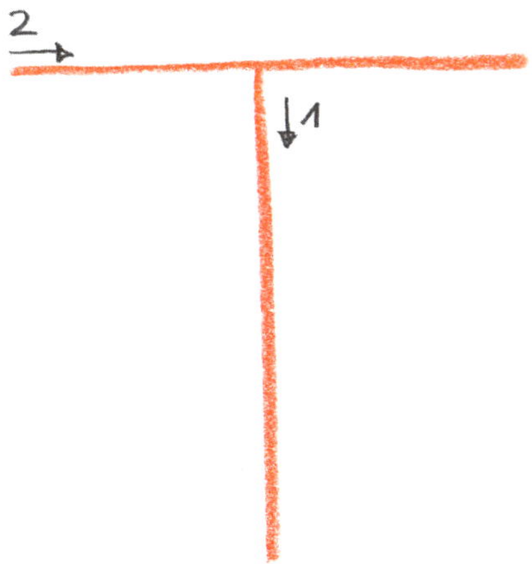
2
1

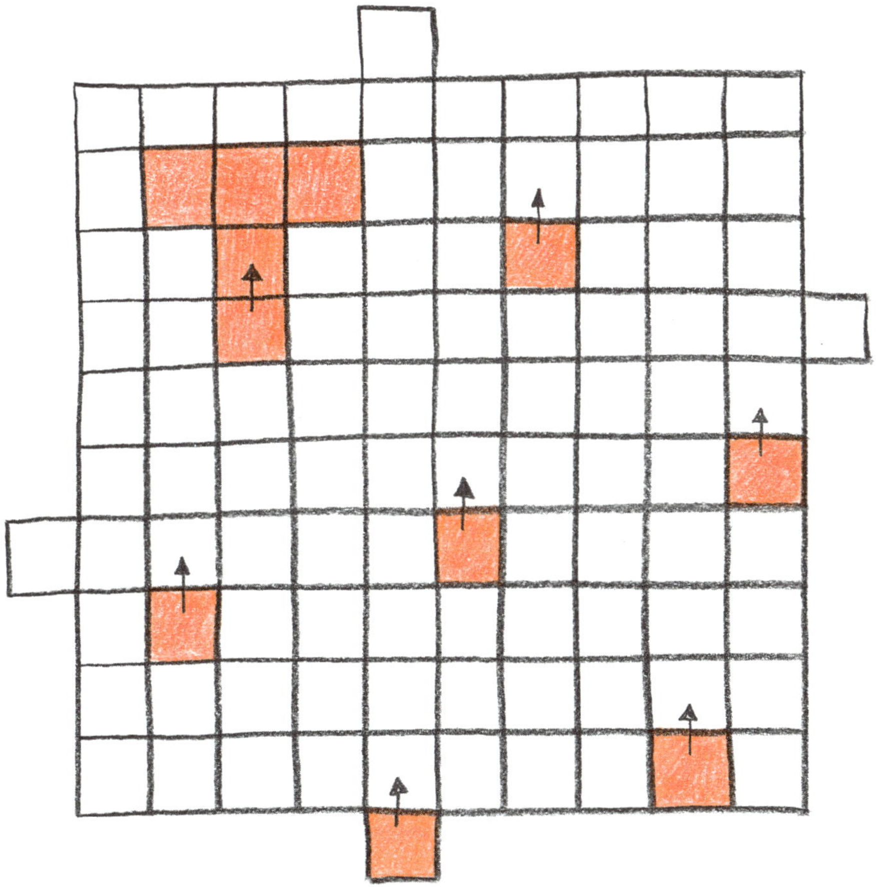

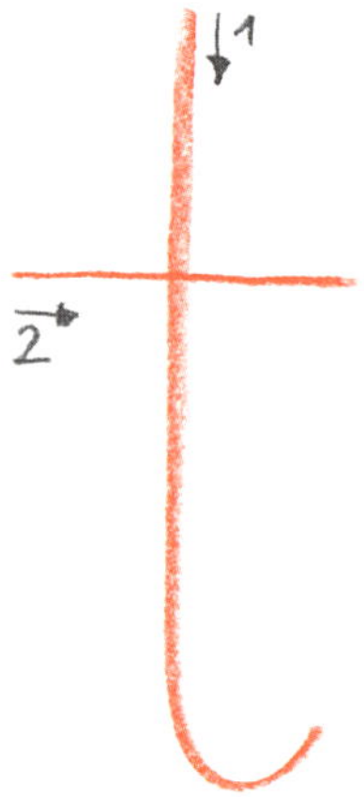
1
2

Hallo, l!
Hallo, t!
Kannst du mir deinen Strich leihen?
Ja, klar!
Bitte, t!
Danke, l!

hat
t
Tran
tüte

t
t
t
t
t
t

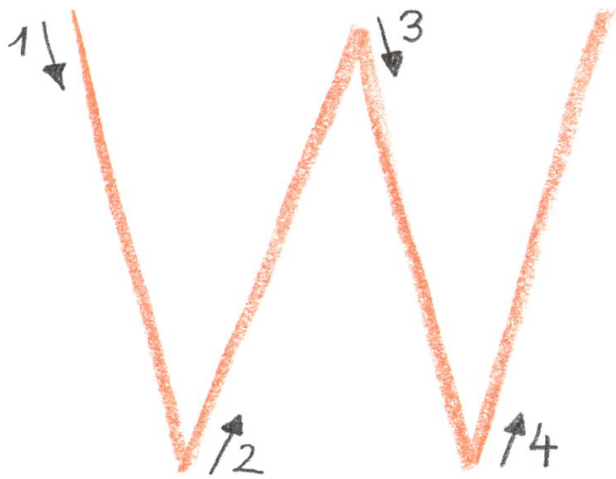

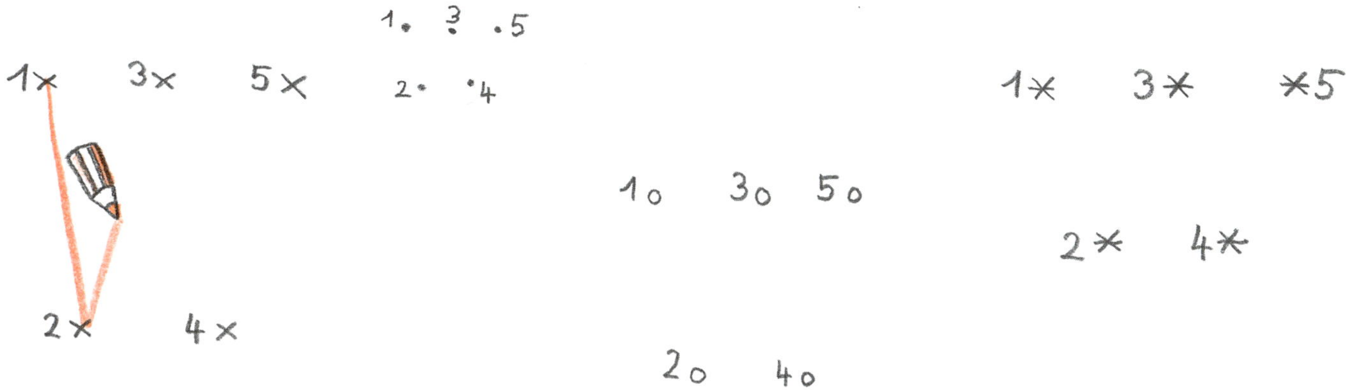

Wal Wette Welle Weste Watte Willi

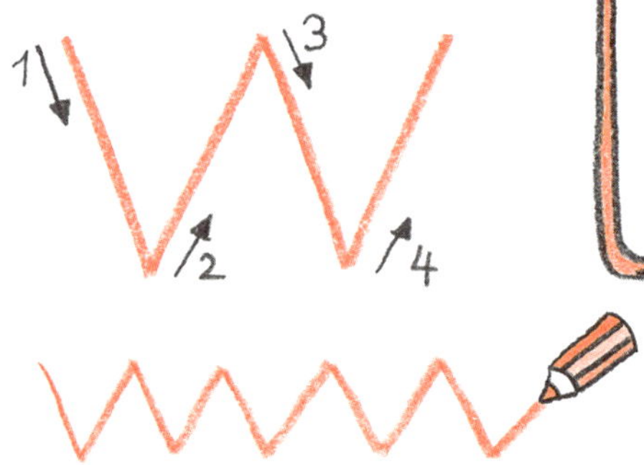

Wenn ich weiß,
was du weißt,
und du weißt,
was ich weiß,
dann weiß ich,
was du weißt,
und du weißt,
was ich weiß.

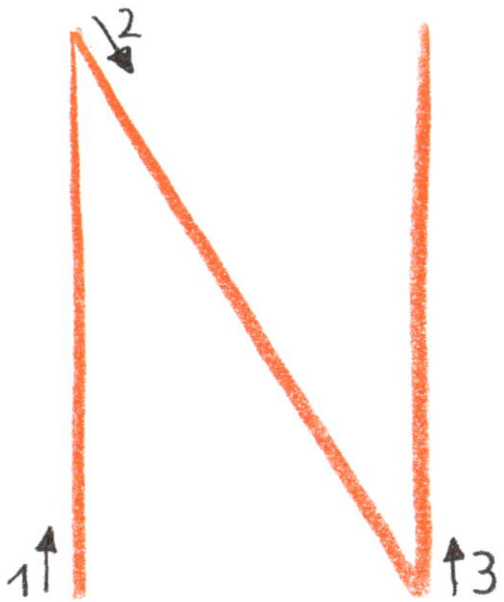
1
2
3

NN Nadel NNNoteNNNNN
NaseNNNNestNNachtNN
NNikolausNNNNudelNNN

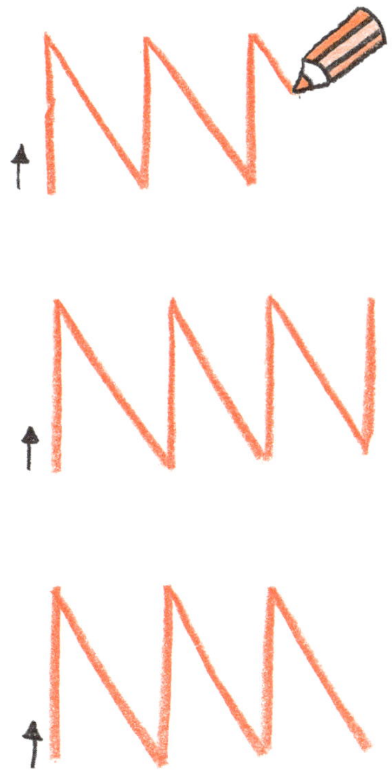

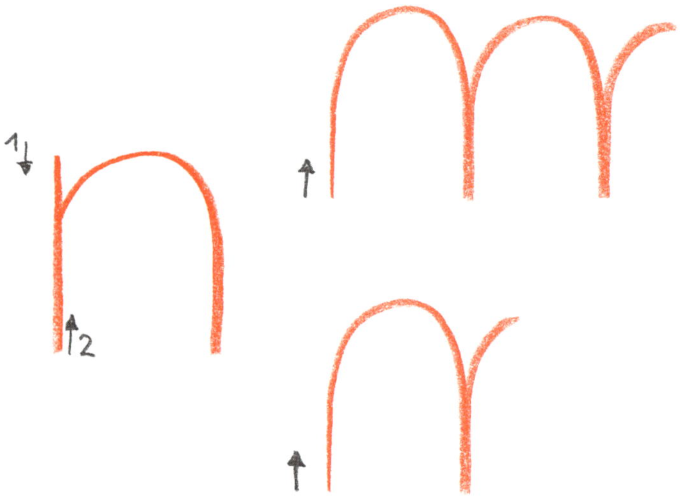

Die Nadel sagt zum Luftballon:
Du bist rund,
ich bin spitz.
Jetzt machen wir beide
einen Witz.
Ich weiß ein lustiges
Schnettereteng:
Ich mache pick
und du machst peng.

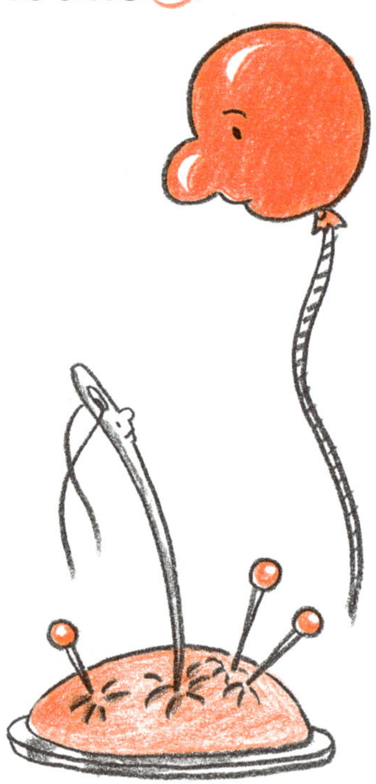

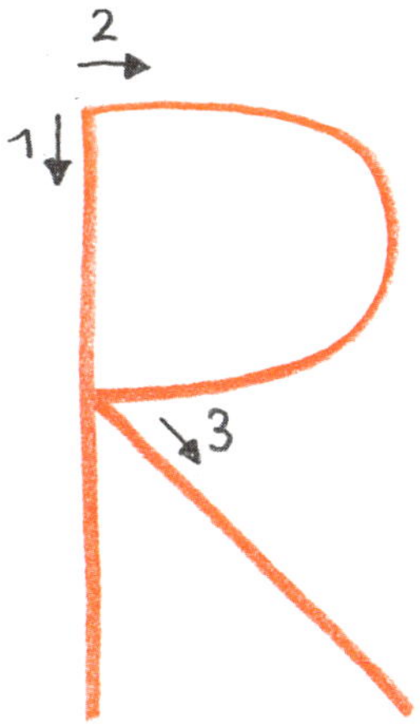
R
1
2
3

R
R
R
R

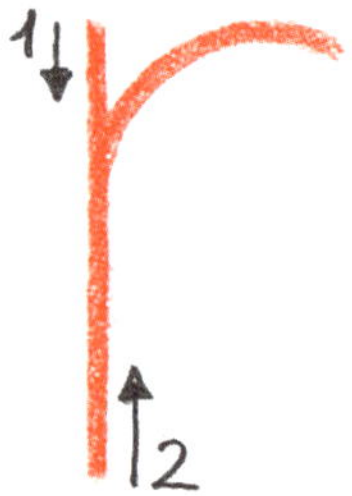
1
2

rr rrrr
rr rrrr
rr rrrr
rrrrrr
rrrrrrrrr
rrrr rrrr rrrr

r
mehr

r r
Trainer

r r

r r

r r

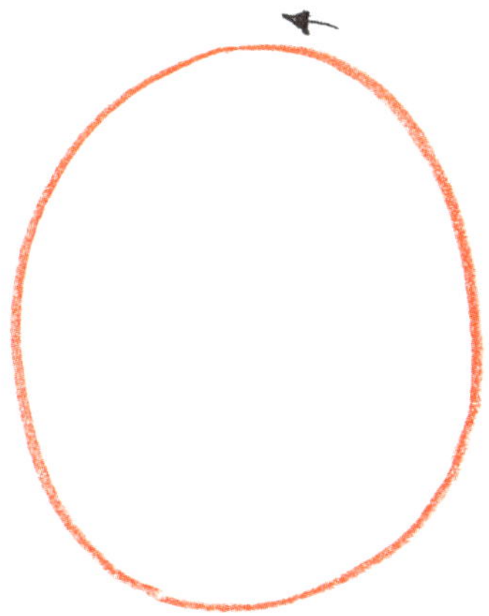

Denkt euch nur, der Frosch ist krank!
Liegt nur auf der Ofenbank,
quakt nicht mehr, wer weiß wie lang,
ach, wie fehlt mir sein Gesang.

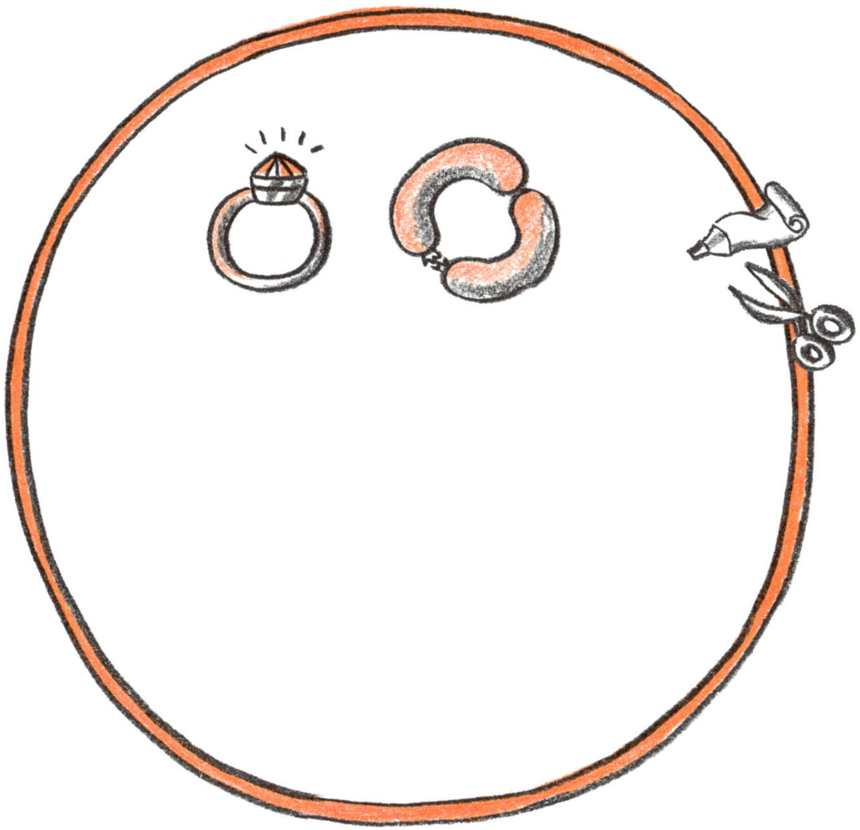

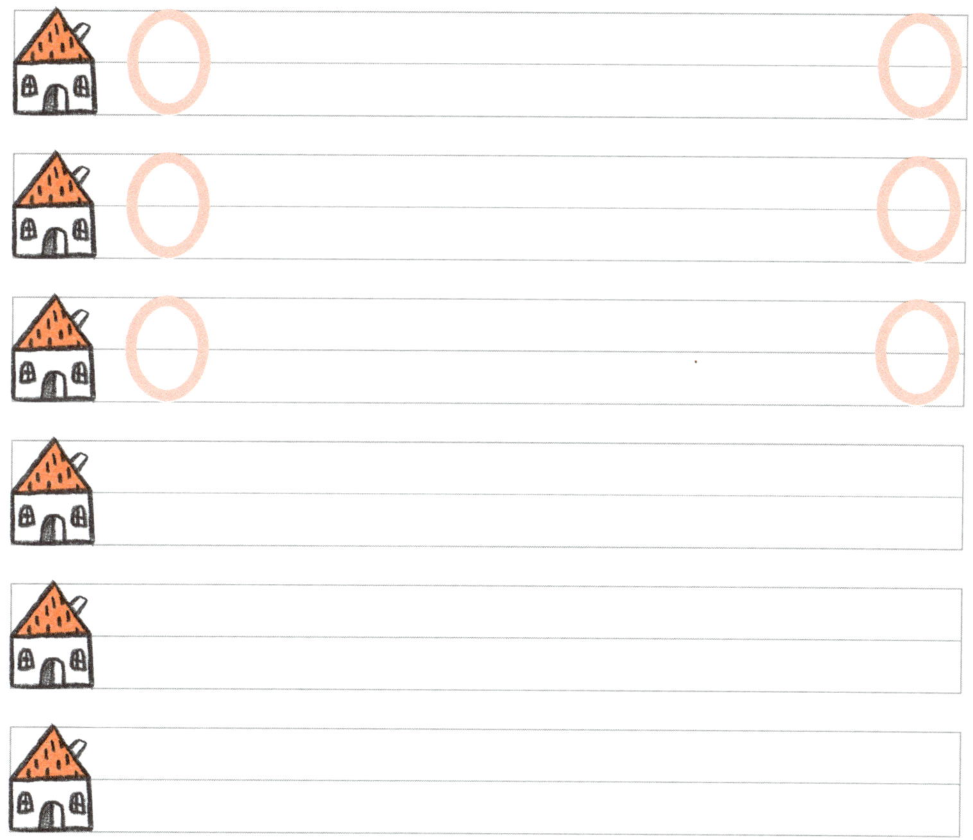

Mond
Knopf
Sonne
Schloss
Kopf

P
Pilz

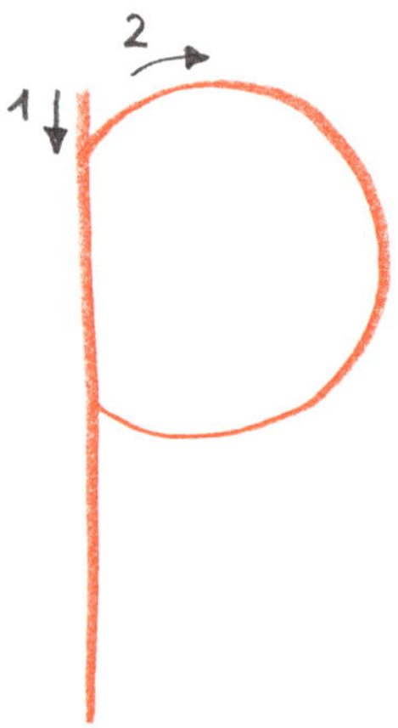

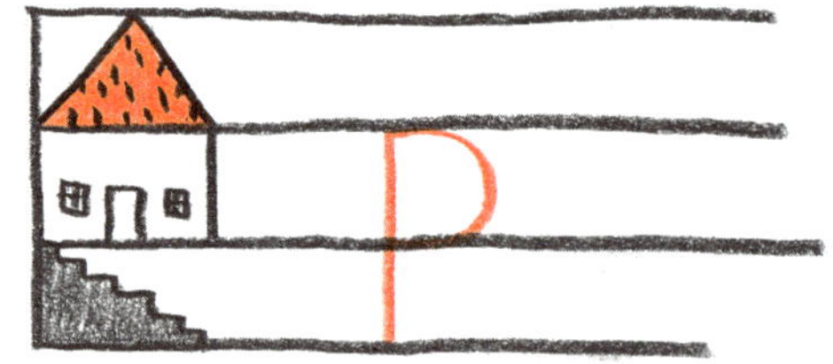

Kennst du Pippi Langstrumpf?

Sie hat viele Sommersprossen und

zwei Zöpfe, die vom Kopf abstehen.

Einer ihrer langen Strümpfe ist geringelt.

Ihre Schuhe sind doppelt so groß wie ihre Füße.

Die hat ihr Papa aus Südamerika mitgebracht.

Pippis Papa war Kapitän.

Kirsch-Kerne

Heute Nacht aß ich im Traum
Kirschen von ’nem Kirschenbaum.

Morgens war’s recht sonderbar,
dass das Bett voll Kerne war.

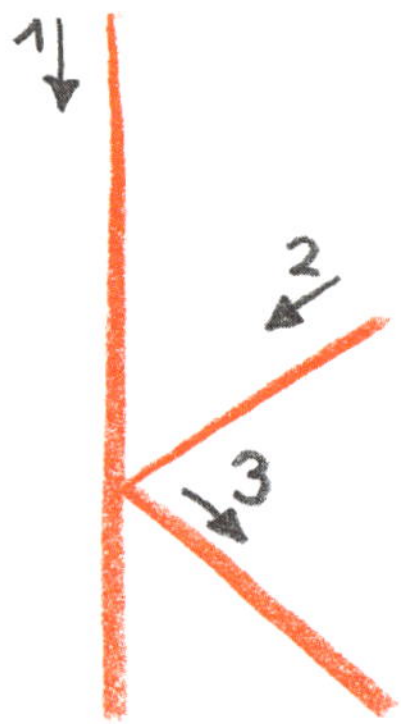

k k

k k

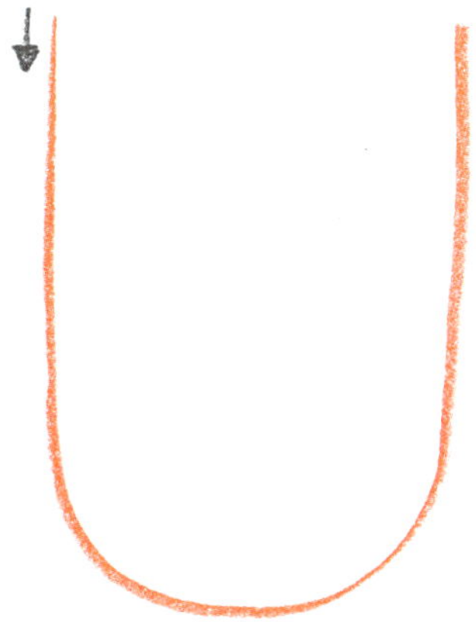

Unbekanntes Flug Objekt

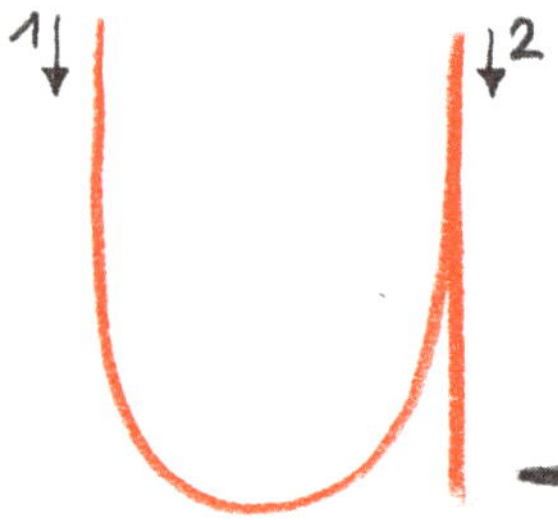

H_nd

Käng_r_

M_schel

Ping_in

F_chs

H_hn

u u

u u

u u

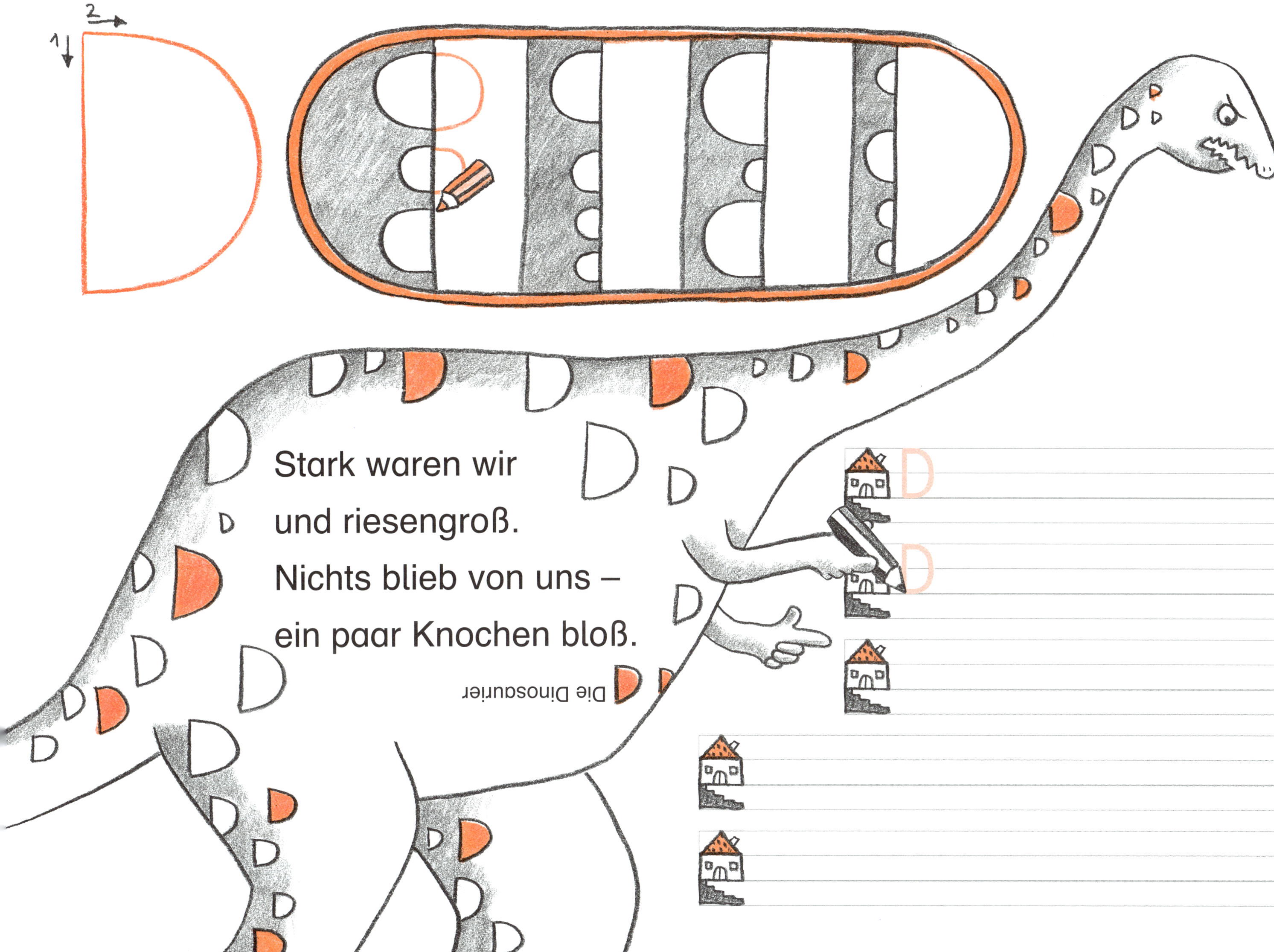

Stark waren wir
und riesengroß.
Nichts blieb von uns –
ein paar Knochen bloß.

Die Dinosaurier

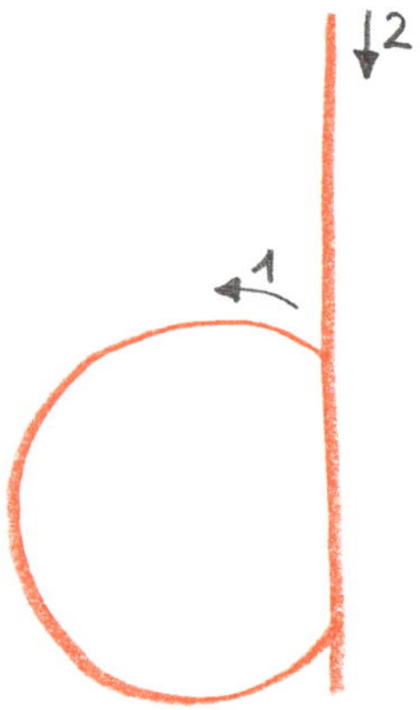

Was ist das?

Zwei Türen habe ich
wie ein Haus,
durch die eine hinein,
durch die andre hinaus.
Wer mich besucht,
bleibt nicht darin,
obwohl ich doch immer
gastfreundlich bin.

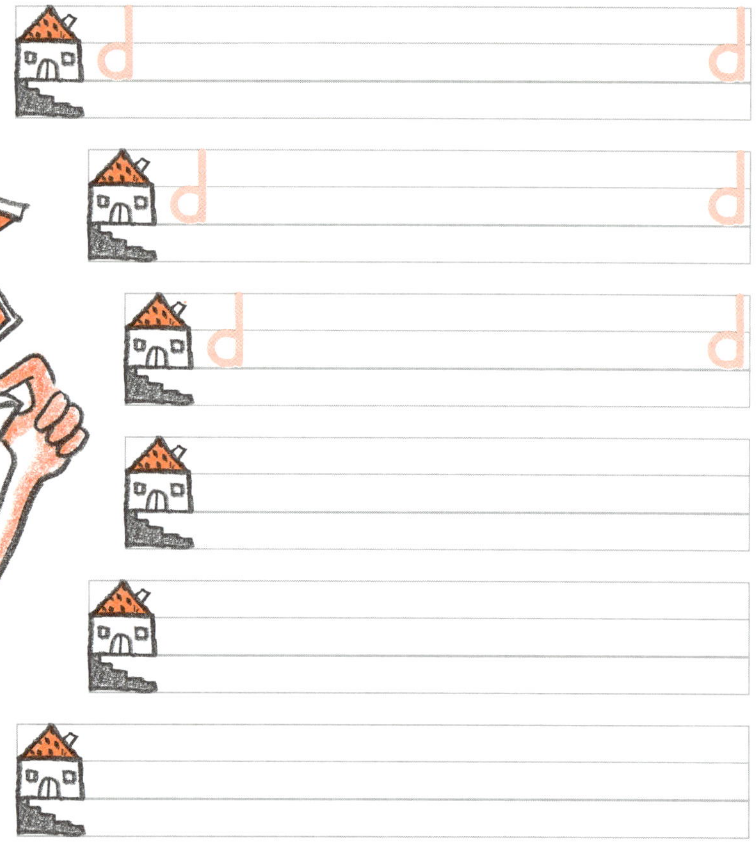

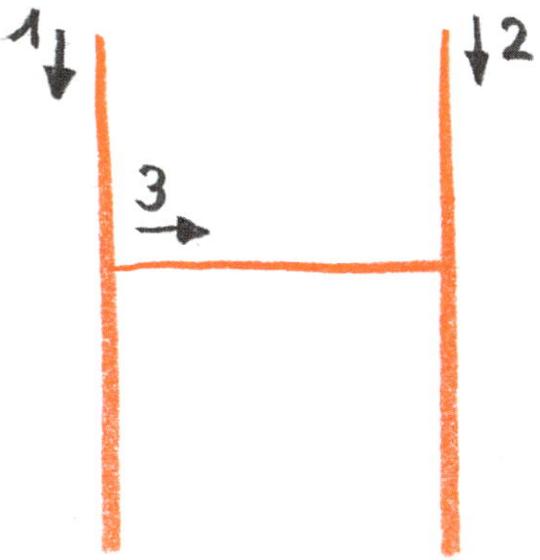

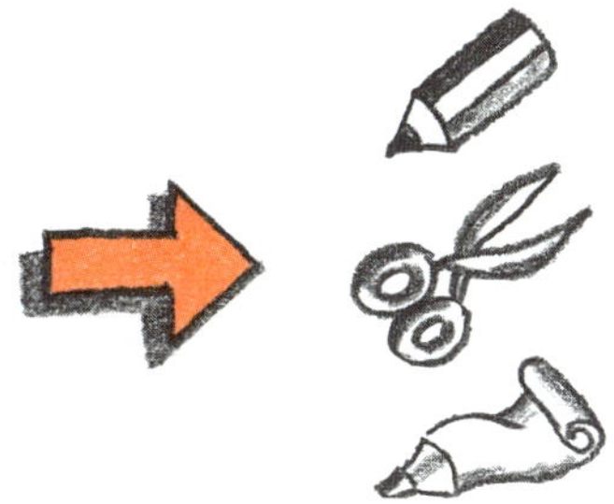

Ein alter Zungenbrecher heißt:

Hinter Hannes Hinterhaus
hängen hundert Hemden raus.
Hundert Hemden hängen raus
hinter Hannes Hinterhaus.
Glaubst du das?
Hängen hinter Hannes Hinterhaus
wirklich hundert Hemden raus?

Strohhut

Cowboyhut

Feenhut

Zauberhut

Trachtenhut

Kinderhut

F F

F F

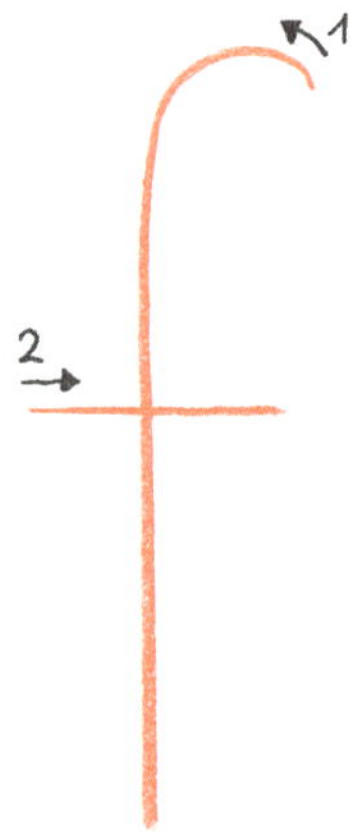

Sofie war auf Safari in Afrika.
Im Brief an ihre Oma steht,
welche Tiere sie fotografiert hat:
viele Affen und Antilopen,
fünf Streifengnus,
eine Giraffe, die vom Baum fraß,
Löwen und Elefanten
und eine große Büffelherde.

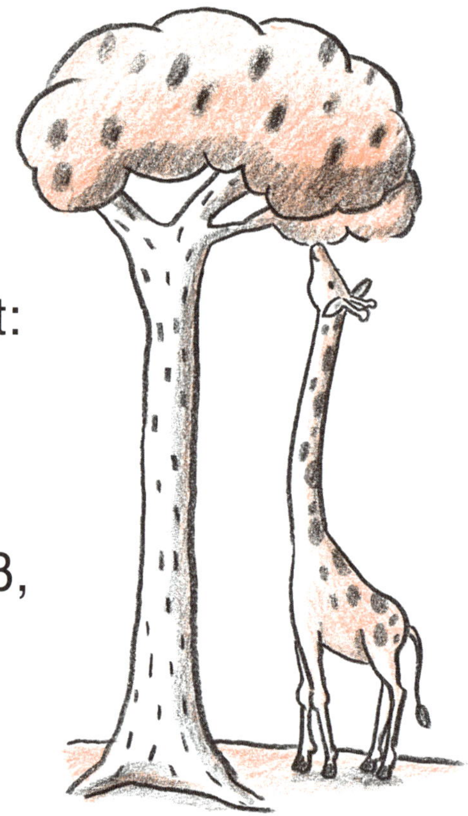

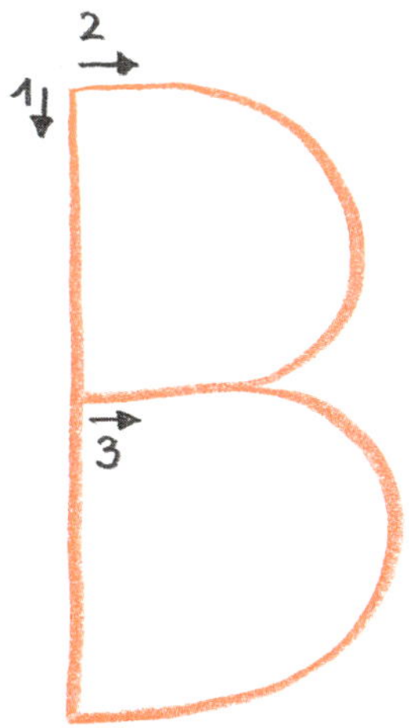

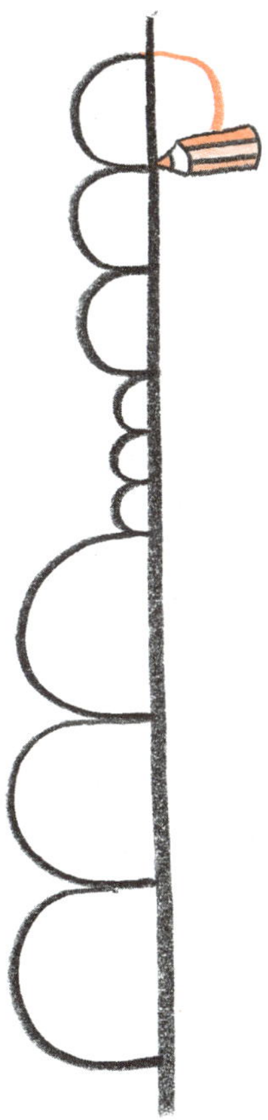

1 Bananen wachsen an großen Büschen.
Dieser Busch hat eine Blüte.

2 Aus der Blüte entwickeln sich
viele kleine Bananen.

3 Wenn die Bananen groß und gelb sind,
kann man sie ernten.

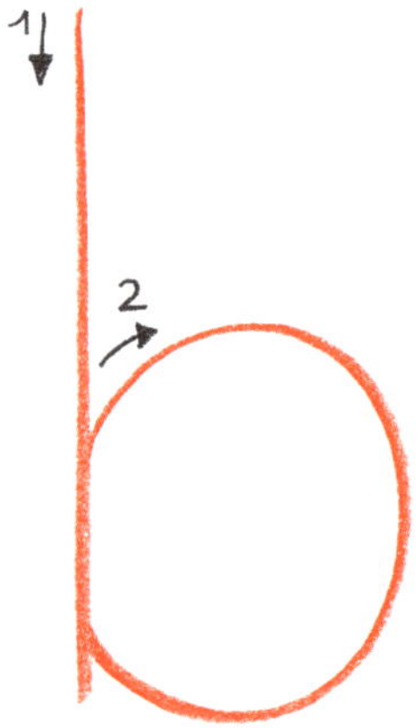
1
2

Obst-Salat
Trau en
Erd eeren

Him eeren
Mira ellen

b
Hamburger

b b

b b

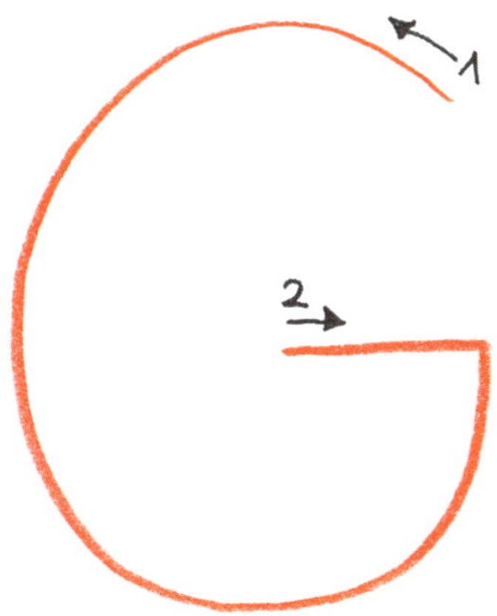

Was ist in...

... einer Gabel?

... einem Hund?

... einem Haus?

... einem Ring?

... einer Hand?

... einem Zimmer?

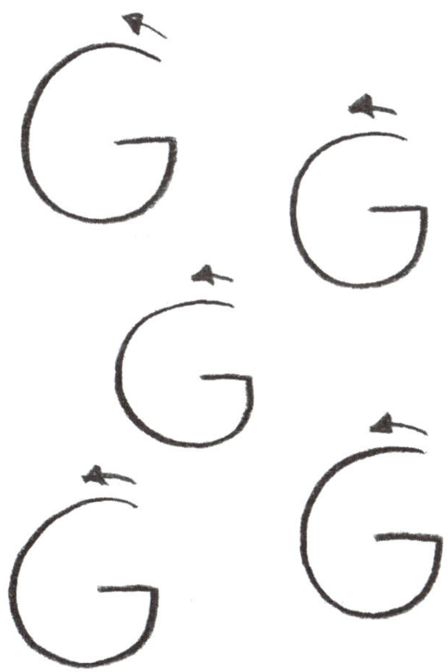

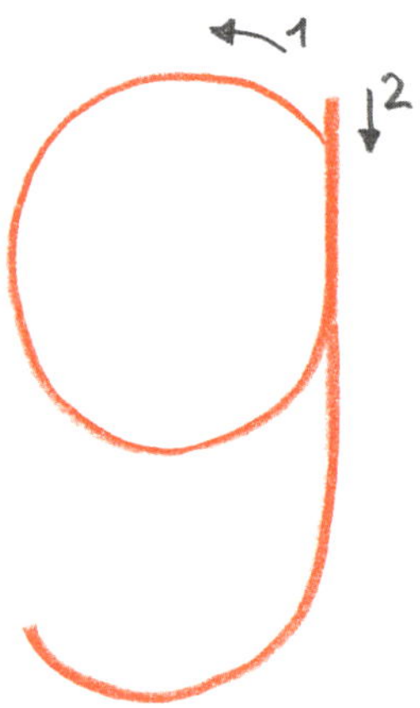

ggggurrengggrunzenggggggg

ggrinsenggggähnenggggggg

gggackerngggehengggrabengg

V v

vier

voll

Vulkan

Ventil

viel

Vater

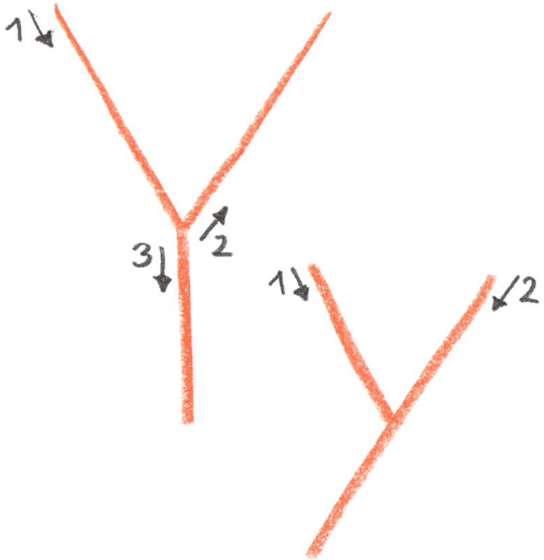

Kennst du ein Wort

mit Ypsilon?

Ich bin
Clown Carlos!

Comic-Sprache

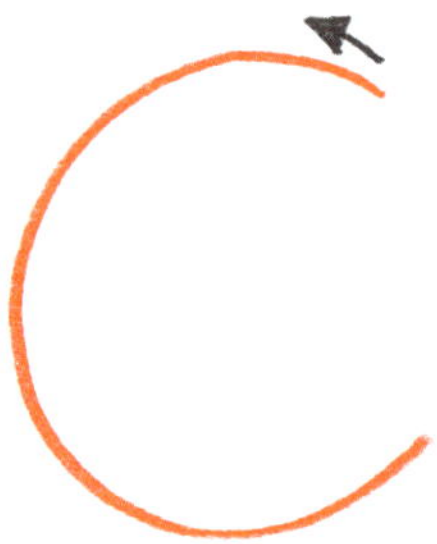

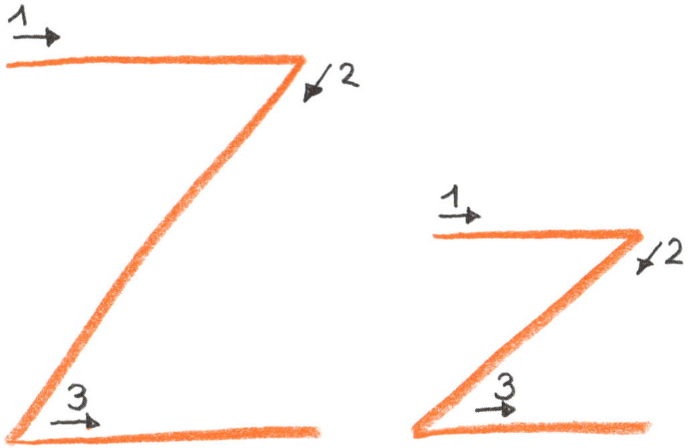

Spatzensalat

Auf dem Kirschbaum Schmiroschmatzki
saß ein Spatz mit seinem Schatzki,
spuckt die Kerne klipokleini
auf die Wäsche an der Leini.
Schrie die Bäurin Bulowatzki:
„Fort, ihr Tiroteufelsbratzki!“
Schrie der Bauer Wirowenski:
„Wo sind meine Kirschokenski?
Fladarupfki! Halsumdratzki!
Hol der Henker alle Spatzki!“

J j

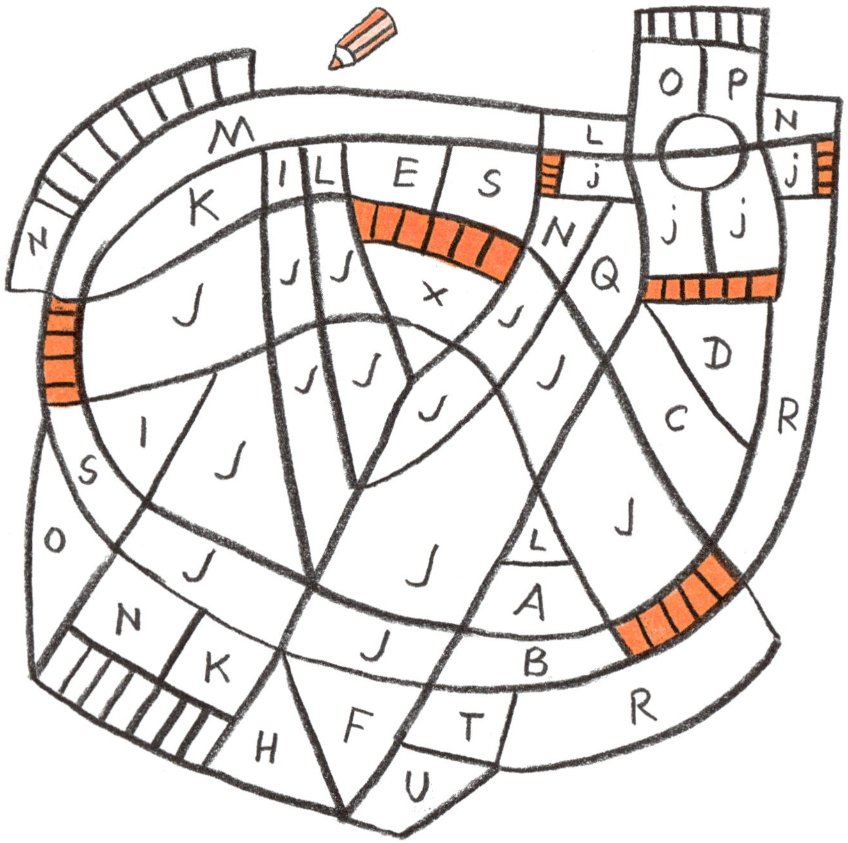

Qu qu

Qu qu

So ein Quatsch!
Zehn Quallenkinder schwimmen
quirlig und quietschvergnügt
zum quakenden Frosch
und seinen Kaulquappen
um zu quatschen.

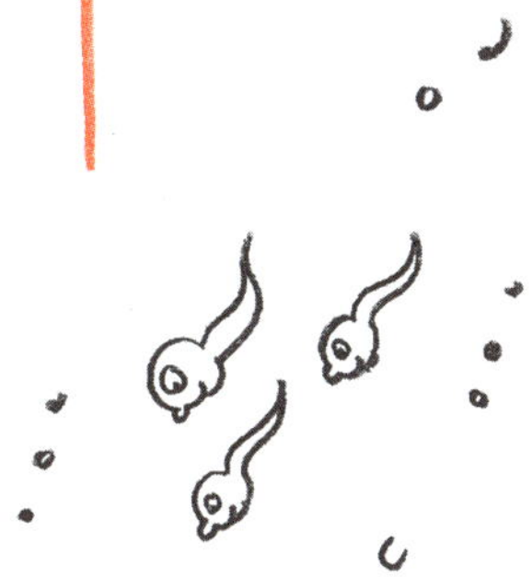

Qu Qu

qu qu

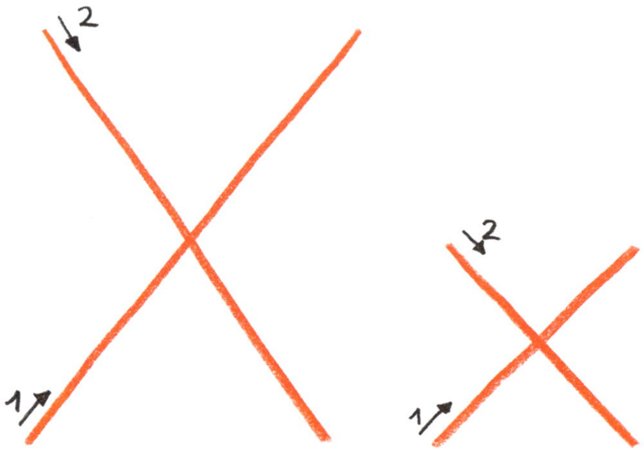

Mit x gibt's wirklich nix!
Oder findest du auch
ein Wort mit x?

Experiment